구역 공과

후대에 전하는 말

신명기

Deuteronomy

평광교회 교구부

쿰란출판사

목
차 | Contents

교재 사용 안내

본 교재는 그룹성경공부 목적으로 만들어졌습니다. 신명기를 쉽게 풀었으며, 개론서 정도의 수준입니다. 본서의 질문은 성경을 읽으면 쉽게 답할 수 있습니다. 주관식 질문도 성경을 잘 관찰하면 충분히 답할 수 있는 것들입니다. 즉 본서는 성경을 기초로 하고 있습니다.

그룹성경공부 이전에 원활한 그룹토의를 위해서 먼저 개인성경공부를 하고 모일 것을 강력하게 권합니다. 그러므로 본 교재는 그룹성경공부뿐 아니라 개인성경공부 교재로도 충분히 사용할 수 있습니다.

성경공부를 아래의 순서에 따라 진행하면 좋습니다.

1. 시작 기도

2. 시작 찬송

3. 개요

각 장마다 그 장의 전체 개요를 두었습니다. 개요를 읽어보면 그 과 전체의 내용이 요약되어 있습니다.

4. 주제성구 읽기

그 과의 핵심구절을 주제성구로 정했습니다. 크게 읽거나, 한 주 동안 암송해도 좋습니다.

5. 본문 공부

본문은 크게 관찰 질문과 심화 및 적용 질문으로 되어 있습니다. 관찰 질문은 성경 본문을 충실히 읽고 살피면 답할 수 있고, 심화 및 적용 질문은 관찰 질문을 통해서 본문을 이해하고 더 심화된 질문, 삶에 적용할 수 있는 질문들입니다.

6. 기도

주신 말씀과 그룹성경공부일 때는 서로의 기도제목을 가지고 기도하고 마칩니다.

신명기 개론

1. 저자

신명기의 저자는 모세입니다. 창세기부터 신명기에 이르는 다섯 권의 책, 즉 창세기, 출애굽기, 레위기, 민수기, 신명기는 모세오경이라고 불리며 모세가 기록한 책입니다.

2. 신명기 책 제목의 유래

'신명기'(申命記)는 '다시 신' 자에 '명령 명' 자의 한자를 사용합니다. 즉 '다시, 되풀이하여 명령하다'라는 의미입니다. 성경 책제목에서도 알 수 있듯이, 신명기는 어떤 새로운 내용이 아니라(조금 다르게 표현한 것은 있지만) 이미 앞에서 나온 율법(시내산 율법)을 되풀이하고 있는 것입니다. 즉 가나안 입성을 앞둔 모세가 광야에서 태어난 자녀세대에게 하나님의 율법을 지킬 것을 강조하는 고별설교가 신명기인 것입니다.

3. 신명기의 내용과 주제

출애굽 1세대들의 40년 광야생활이 막을 내릴 즈음, 그들 중 모세, 여호수아, 갈렙만이 과거 시내산 율법 수여의 영광스러움을 기억하고 있습니다. 이제 가나안 땅을 앞에 두고 죽음을 바라보는 모세는 비장한 각오로 시내산 율법에 대한 기억이 희미하거나 없는 출애굽 2세대, 광야세대에게 그 율법을 들려주고 있습니다.

신명기의 주제는 광야세대가 이제 가나안 땅에 들어가서 하나님의 율법을 듣고 순종하면 복을 받고, 불순종하면 저주를 받아 그 땅에서 쫓겨난다는 것입니다. 즉 하나님의 말씀에 순종하면 축복, 불순종하면 저주가 신명기의 주제라고 할 수 있습니다.

신명기는 광야세대에게 시내산에서 모세를 통하여 주신 율법을 풀어서 다시 설명하는 책입니다. 즉 모세는 출애굽의 2세대를 위해 다시 하나님과의 언약을 상기시키고 설명하기 위해 신명기를 기록했습니다. 결과적으로 신명기는 출애굽기, 레위기, 민수기의 요약이라고 할 수 있고, 나아가 모세오경의 요약이라고도 할 수 있습니다.

신명기의 또 다른 중요한 특징 중 하나는 교육입니다. 신명기 자체가 시내산 체험이 없는 광야세대에게 시내산 언약을 요약해서 가르치는 긴 설교입니다. 그리고 모세는 신명기 곳곳에서 앞으로 부모세대가 그 자녀세대에게 계속하여 이 율법의 말씀을 가르쳐 지키게 할 것을 명령하고 있습니다.

신명기 구조

신명기는 율법을 담고 있는 모세의 긴 설교 형태로 구성되어 있습니다.

1장부터 3장까지는 서론 부분에 해당되는데 신명기의 배경에 대해서, 그리고 모세의 신명기 설교가 행해지는 모압 평지에 오기까지의 광야 40년 여정을 간략하게 요약하고 있습니다.

<table>
<tr><td colspan="2">서론 (1–3장)</td><td>1. 신명기의 배경(1:1–4)
: 말씀을 전하는 장소, 말씀의 청중, 말씀의 시기
2. 지금까지의 여정(1:5–3:29)–호렙에서 모압평지까지</td></tr>
<tr><td rowspan="2">모압언약</td><td>십계명</td><td>1. 말씀 순종의 중요성과 첫 번째 받은 십계명(4–9장)
2. 두 번째 받은 십계명(10–11장)</td></tr>
<tr><td>본격적인 율법 규정 (12–26장) : 신명기 법전</td><td>1. 종교의식 관련 규정(12:1–16:17)
2. 공직 관련 규정(16:18–18:22)
3. 사회생활 관련 규정(19:1–26:15)
4. 결론적 권고–명령을 지키라(26:16–19)</td></tr>
<tr><td colspan="2">신명기의 마무리 (27–30장)</td><td>1. 에발산의 율법 기념비–저주선포 예식(27장)
2. 축복과 저주(28장)
3. 언약 갱신–모압 언약(29장)
4. 회개와 회복의 약속, 결단 촉구(30장)</td></tr>
<tr><td colspan="2">오경의 마무리 (31–34장)</td><td>1. 마지막 당부와 율법책 안치(31장)
2. 모세의 노래(32장)
3. 모세의 12지파 축복(33장)
4. 모세의 죽음, 후계자 여호수아, 모세에 대한 평가(34장)</td></tr>
</table>

흔히 **'모압 언약'**이라고도 하는 율법이 4장부터 26장까지 이어집니다. 4장부터 11장까지는 십계명을 중심으로 한 기본적인 율법을 말씀하고 있습니다. 12장부터 26장까지는 흔히 **'신명기 법전'**이라고 하는데 여기에는 **종교의식 관련 규정, 공직 관련 규정, 사회생활 관련 규정**과 같은 여러 규정들이 한데 모아져 있습니다.

27장부터 30장까지는 신명기의 마무리 부분입니다. 27장에서는 에발산에 율법 기념비를 세우고 저주 선포 예식을 할 것을 명령하고 있고, 28장에서는 축복과 저주의 내용을 말씀하고 있습니다. 29장에서는 시내산 언약을 갱신하는 모압 언약을 말씀하고 있고, 30장에서는 죄악 중의 회개와 회복의 약속이 주어지고 있습니다.

31장부터 34장까지는 모세오경의 마무리 부분이라고 할 수 있습니다. 31장에는 모세의 마지막 당부가 나오고, 32장에는 모세의 노래, 33장에는 이스라엘 각 지파에 대한 축복이 나오며, 마지막 34장에서는 모세의 죽음으로 신명기를 끝맺고 있습니다.

이제 이상과 같은 기본적인 사항을 숙지하고, 신명기 여행을 떠나도록 하겠습니다.

제1과

서론: 신명기의 배경, 지금까지의 여정(1-3장)

시작 찬송 - 42장

개요

이제 신명기의 여행이 시작되었습니다. 신명기 1장부터 3장까지는 신명기의 서론에 해당되는 부분입니다. 신명기 율법(모압 언약)이 나오는 4-26장에 앞서서, 신명기의 배경과 지금까지의 여정, 즉 호렙산(시내산)에서부터 모압 평지까지의 여정을 회상하고 있습니다.

주제성구

"네 하나님 여호와께서 네가 하는 모든 일에 네게 복을 주시고 네가

이 큰 광야에 두루 다님을 알고 네 하나님 여호와께서 이 사십 년 동안을 너와 함께 하셨으므로 네게 부족함이 없었느니라"(2:7).

본문 관찰 질문

1. 신명기의 배경(1:1-4)

1장 1절부터 4절까지는 모세의 신명기 설교의 배경이 됩니다. 설교를 선포한 장소, 대상, 시기가 설명되고 있습니다.

가. 모세가 마지막 고별설교를 하고 있는 신명기의 공간적 배경이 되는 평지는 무슨 평지입니까? (1:1 상반절, 1:5)

나. 모세의 고별설교의 청중은 누구였습니까? (1:1 하반절)

이스라엘 무리

모세의 설교를 들은 이스라엘 백성들은, 광야에서 태어난 출애굽 2세대였습니다. 애굽에서 태어난 출애굽 1세대들은 다 죽고, 새로운 세대에게 모세는 마지막 고별설교를 하면서 하나님의 율법에 순종하는 것만이 이들이 가나안에 들어가서 살 길임을 호소하고 있습니다.

다. 모세의 고별설교 시기는 출애굽 이후 몇 째 해였나요? (1:3)

2. 지금까지의 여정(1:5-3:29): 호렙(시내)산에서 모압 평지까지

모세는 하나님의 율법을 가르치기 전에 그동안 이스라엘 백성들이 걸어온 광야 40년의 여정을 요약하고 있습니다. 지난 40년 동안 이스라엘을 인도하시고 보호하신 하나님의 손길을 돌아보고 있습니다. 신명기의 광야여정은 출애굽 직후인 애굽부터가 아니라, 시내산 출발부터 모압 평지 도착까지의 과정을 요약하고 있습니다. 즉 신명기의 광야여정은 민수기 10장 11절에서부터 36장까지의 내용을 요약하고 있습니다.

가. 모세의 신명기 광야여정 요약은 무슨 산에서부터 시작하나요? (1:6)

나. 모세는 출애굽 과정에서 홀로 수많은 백성들을 다스릴 수 없었습니다. 그래서 그는 수령을 세웠습니다. 괄호를 채워보세요.

"내가 너희 지파의 수령으로 지혜가 있고 인정받는 자들을 취하여 너희의 수령을 삼되 곧 각 지파를 따라 (   )과 (   )과 (   )과 (   )과 조상을 삼고"(1:15).

다. 이스라엘 백성들은 가나안 땅을 코앞에 두고 열두 정탐꾼을 보냅니다. 그 정탐 결과 대다수가 부정적인 보고를 했고, 이에 하나님은 격노하셔서 이들은 40년을 광야에서 보내게 됩니다. 가나안의 남쪽에 위치한, 정탐꾼을 보낸 곳의 지명은 무엇입니까? (1:19)

라. 하나님께서는 이스라엘 백성들이 요단 동편 땅을 남쪽에서 북쪽으로 진군할 때 세 민족과는 전쟁을 하지 말 것을 명령하셨습니다. 왜냐하면 이들은 그들의 조상인 에서, 롯의 후예였기 때문입니다. 하나님께서 전쟁을 금지하신 세 민족은 어느 민족이었나요? (2:4-5, 2:9, 2:19)

놋뱀 사건

하나님께서는 야곱의 형, 에서의 후손인 에돔과 전쟁하지 말 것을 명하셨고, 이에 이스라엘 백성들은 에돔 왕에게 지나갈 것을 정중히 요청했습니다. 그러나 에돔 왕은 요구를 거절했고, 이스라엘 백성은 에돔 땅을 우회해서 돌아가게 됩니다. 그러자 이스라엘 백성들은 불평하기 시작했고, 하나님은 불뱀을 보내어 이들을 심판하셨으며, 모세가 만든 놋뱀을 보는 사람들만이 살 수가 있었습니다.
민수기는 이 사건에 대해서 자세히 기록하고 있지만(민 20:14-21, 21:4-9), 신명기에서는 놋뱀 사건이 생략되어 있습니다. 신명기에서 모세 설교의 초점은 하나님의 율법이었기에 다른 이야기는 간략하게 언급하거나 생략되고 있습니다.

마. 그러나 하나님께서 이스라엘과 혈연관계가 없었던 요단 동편의 두 나라는 정복하게 하셨습니다. 모세가 정복한 요단 동편 두 나라와 왕의 이름은 무엇인가요? (2:26, 3:1)

바. 괄호 채우기

요단 동편에 정착한 지파도 있었습니다. 모세는 전쟁해서 정복한 땅에, 므낫세 반(1/2) 지파와 (   ) 지파와 (   ) 지파가 정착하도록 허락했습니다(3:12-13). 그러나 요단 동편 땅은 하나님이 약속하신 가나안 땅이 아니었고, 세월이 지나면서 이들 지파는 조용히 사라지게 됩니다.

사. 신명기 3장 23-29절의 내용은 하나님께서 모세에게 가나안 땅에 들어가지 못할 것을 말씀하시는 내용입니다. 모세는 왜 가나안 땅에 들어갈 수 없었나요? (민 20:1-13 참조)

심화 및 적용 질문(나눔)

1. 내가 자녀들에게 혹은 후손들에게 신앙적으로 마지막 남길 말이 있다면 어떤 말을 할까요?

2. 모압 평지에서 광야세대에게 마지막 고별설교를 하는 모세의 심정은 어떠했을까요? 내가 모세였다면 어떠했을까를 생각하며 적어보세요.

3. 모세의 고별설교의 시작은 지난 40년의 회고입니다. 우리도 지금까지 살아온 우리의 삶을 돌아보며 지금까지 우리를 인도하여 주신 하나님의 도움의 손길을 적어보세요.

기도

1. 신명기를 공부하는 과정에 하나님께서 지혜를 주셔서 올바르게 깨닫게 하옵소서.

2. **감사기도**

   지금까지 나의 삶을 인도하신 하나님께 감사기도를 올립니다.

3. **함께 공부하는 그룹을 위한 기도**

   끝까지 말씀 안에서 교제하며 기도하는 모임이 되게 하옵소서.

2과

십계명과 쉐마 이스라엘(4-6장)

시작 찬송 - 20장

개요

4장부터 26장까지는 시내산에서 받은 십계명을 시작으로 율법을 설교하고 있습니다. 4장부터 11장까지는 십계명을 중심으로 율법의 기본적인 면을 말씀하고 있습니다.

오늘 함께 나눌 2과에서는, 4장부터 5장까지는 율법의 핵심이라고 할 수 있는 십계명에 대해서 말씀하고 있고, 6장에서는 이스라엘 신앙사상의 핵심이라고 할 수 있는 '쉐마, 이스라엘'을 선포하고 있습니다.

주제성구

"이스라엘아 들으라 우리 하나님 여호와는 오직 유일한 여호와이시니 너는 마음을 다하고 뜻을 다하고 힘을 다하여 네 하나님 여호와를 사랑하라"(6:4-5).

본문 관찰 질문

1. 시내산에서의 율법 수여와 우상숭배 금지(4장)

4장에서는 시내산에서 하나님의 말씀의 기본인 십계명을 받은 사건을 회상하며, 십계명 가운데 제2계명인 '우상을 만들지 말 것'을 중심으로 말씀하고 있습니다.

가. 신명기의 주제는 '율법 말씀에 순종'하는 것입니다. 괄호를 채워보세요.

"이스라엘아 이제 내가 너희에게 가르치는 규례와 법도를 듣고 (　　　) 그리하면 너희가 (　　　) 너희 조상의 하나님 여호와께서 너희에게 주시는 땅에 들어가서 그것을 얻게 되리라"(4:1).

나. 모세는 이스라엘 백성들이 율법을 받은 호렙산(시내산) 사건을 언급하고 있습니다(4:10–14). 여기에서 시내산 율법의 요약이라고 할 수

있는 십계명을 받았습니다. 4장에서는 제2계명, 우상숭배 금지를 말씀하고 있는데요(4:15-24), 이는 제1계명과 연관해서 하나님 외에 다른 신을 섬기는 것을 금지하고 있는 이스라엘 신앙의 기본입니다. 괄호를 채워보세요.

"그리하여 스스로 부패하여 자기를 위해 어떤 (　　　　) 대로든지 (　　　　)을 새겨 만들지 말라"(4:16 상).

다. 이스라엘 백성들은 하나님의 특별한 사랑을 입은 백성들입니다. 괄호를 채워보세요.

"어떤 신이 와서 시험과 이적과 기사와 전쟁과 강한 손과 편 팔과 크게 두려운 일로 (　　　　　　　　) 하여 낸 일이 있느냐 이는 다 너희의 하나님 여호와께서 애굽에서 너희를 위하여 너희의 목전에서 행하신 일이라"(4:34).

라. 부지중에 살인한 사람을 보호하기 위한 도피성이 요단 서편(가나안)과 요단 동편에 각각 세 개씩, 총 여섯 개가 있었습니다. 요단 동편에 세워진 세 도피성에 연결되는 요단 동편에 정착한 각 지파의 이름을 적어보세요. (4:43)

① 베셀 -
② 길르앗 라못 -
③ 바산 골란 -

2. 십계명(5장)

5장에서 모세는 십계명 전체를 선포합니다. 십계명은 이스라엘 율법의 핵심이기에 모세는 율법을 선포하면서 십계명에서 시작하고 있는 것입니다. 십계명이 최초로 언급된 출애굽기 20장과 비교해서 보면 두 선포 사이에 별 차이가 없음을 보게 됩니다.

신명기의 주제는 '하나님의 말씀을 순종하여 지키라'는 것입니다. 이 내용은 신명기에서 계속 되풀이됩니다. 십계명을 재선포한 후, 모세는 이를 또 강조하고 있습니다. 괄호를 채워보세요.

"너희 하나님 여호와께서 너희에게 명령하신 모든 도를 (   ) 그리하면 너희가 살 것이요 (   )이 너희에게 있을 것이며 너희가 차지한 땅에서 너희의 날이 길리라"(5:33).

신명기에서는 위와 같은 조건문이 많습니다. 즉 하나님의 명령을 지키면 복을 받아 가나안 땅에서 오래 살게 되고, 반면 명령에 순종하지 않으면 저주를 받아 그 땅에서 쫓겨난다는 것입니다. 즉 '순종=축복, 불순종=저주' 공식입니다. 이 공식은 신명기의 특징이라고 할 수 있으며, 후빈부(28장)에서 다시 자세하게 정리하고 있습니다.

---

3. "쉐마, 이스라엘"(6장)

6장에서는 유대교에서 가장 중요하게 생각하는 성경 구절, "쉐마

(들으라), 이스라엘"이 나옵니다. 4절에서 9절까지 이어지는 이 구절은 이스라엘 백성들이 지금도 종이에 적어 모든 출입문 옆에 붙여두고 입출입 시에 입을 맞출 정도로 소중히 여기는 말씀입니다.

가. 내용을 생각하면서 괄호를 채워보세요.

"이스라엘아 들으라 우리 하나님 여호와는 오직 (   ) 여호와이시니 너는 (   )을 다하고 (   )을 다하고 (   )을 다하여 네 하나님 여호와를 (   )"(6:4-5).

나. 그리고 이러한 신앙에 대해서 자녀를 가르칠 것을 명령하고 있습니다. 후대에 신앙을 전해주는 것은 신명기에 나타난 중요한 사상 중에 하나인데, 본문에서는 어떻게 가르치라고 합니까? 세 가지를 찾아서 적어보세요. (7-9절)

① 7절 -

② 8절 -

③ 9절 -

심화 및 적용 질문(나눔)

1. "쉐마, 이스라엘"은 모든 유대인들이 사랑하고 기억하는 성경 구절입니다. 내가 사랑하고 마음에 품고 있는 성경 구절은 무엇입니까? 또 그 이유는 무엇입니까?

2. 자녀들에게 신앙을 물려줘야 하는 것에 대해서 어떻게 생각하고 있습니까? 자녀들의 신앙과 그 성장을 위해서 내가 하고 있는 것은 무엇입니까?

기도

1. 하나님의 말씀을 사랑하게 하시고, 말씀에 순종할 수 있는 힘을 주옵소서.

2. 우리의 자녀들이 신앙 안에서 자라며 생활하게 하옵소서.

3. **그룹을 위한 기도**

   그룹 내에 아픈 환우들을 위한 기도

3과

가나안 땅,
불순종에 대한 경고(7-9장)

시작 찬송 - 23장

개요

7-9장은 가나안 땅에 관한 이야기입니다. 7장에서는 가나안 땅에 먼저 거주하던 가나안 7족속을 언급하고 있으며, 이들을 하나님의 도움으로 멸할 것을 말씀하고 있습니다. 8장에서는 광야와 가나안 땅을 비교하고 있습니다. 9장에서는 가나안 7족속의 멸망이 그들의 죄악 때문임을 상기시키며 이스라엘 백성들은 끝까지 하나님만 따를 것을 명령하고 있습니다.

주제성구

"네가 가서 그 땅을 차지함은 네 공의로 말미암음도 아니며 네 마음이 정직함으로 말미암음도 아니요 이 민족들이 악함으로 말미암아 네 하나님 여호와께서 그들을 네 앞에서 쫓아내심이라"(9:5 상).

본문 관찰 질문

1. 가나안 7족속(7장)

가. 이스라엘 백성들이 가나안 땅에 들어가기 전에 이미 거기에 살던 7족속이 있었습니다. 이 7족속의 이름을 적어보세요. (1절)

나. 하나님께서 이스라엘 백성들을 택하신 이유는 무엇인가요? (7-8절)

다. 가나안 족속들을 이스라엘 백성들이 이길 수 있는 근본적인 힘은 어디에 있었습니까? (17-21절)

2. 광야와 가나안 땅(8:1-10)

가. 하나님께서 이스라엘 백성들에게 40년 동안 험한 광야를 방황하게 하신 이유는 무엇인가요? (2-3절)

나. 신명기는 신약에서 많이 인용된 구약의 책입니다. 예수님께서 광야 40일 기도 후 마귀에게 시험을 받으셨을 때(마 4:1-11) 세 가지 시험을 받으셨습니다. 그때 예수님은 마귀의 유혹을 모두 성경 말씀으로 물리치셨고, 인용하신 말씀이 모두 신명기의 말씀입니다. 마귀가 '돌로 떡을 만들라'고 유혹했을 때 예수님은 신명기 8장 3절 말씀으로 대답하셨습니다. 괄호를 채워보세요.

"너를 낮추시며 너를 주리게 하시며 또 너도 알지 못하며 네 조상들도 알지 못하던 만나를 네게 먹이신 것은 사람이 (　　　　　)으로만 사는 것이 아니요 여호와의 입에서 나오는 모든 (　　　　　)으로 사는 줄을 네가 알게 하려 하심이니라"(8:3).

다. 가나안 땅의 7대 소산물을 적어보세요. (8절)

3. 불순종에 대한 경고(8:11-9:29)

가. 하나님은 신명기에서 반복적으로 이스라엘의 타락을 경고하고 계십니다. 이스라엘이 가나안 땅에 들어간 후 가장 경계해야 할 것은 무엇이었을까요? (8:14, 17-18)

나. 하나님께서 가나안 족속들을 멸하시고, 이스라엘 백성들을 가나안에 정착시키신 이유를 아래 본문에서 두 가지를 찾아 적어보세요. (9:5)

①

②

다. 하나님은 이스라엘 백성들이 출애굽 이후 하나님을 신뢰하지 않았음을 지적하십니다(9:6-24). 시내산에서 모세가 하나님으로부터 율법을 받는 순간에도 산 아래에서 금송아지를 만들어 우상을 숭배했습니다. 그 외에도 이스라엘 백성들이 불순종의 모습을 보였던 적이 많습니다. 신명기에 언급된 불순종의 장소 네 곳을 성경에서 찾아 적어보세요. (9:22-23)

①

②

③

④

심화 및 적용 질문(나눔)

1. 가나안 7족속은 우리가 가나안 땅(천국생활)을 차지하기 위해서 물리쳐야 하는 것들입니다. 내가 물리쳐야 할 가나안 7족속은 무엇입니까? 그리고 어떻게 하면 신앙생활을 가로막는 이 영적 장애물에 대해 승리할 수 있을까요?

2. 나에게 있었던 '광야'는 무엇이었습니까? 그리고 그 광야를 통해서 배운 것, 하나님이 가르쳐주신 것은 무엇입니까?

3. 교만했다가 어려움을 당한 적이 있습니까? 어려울 때는 하나님을 의지했다가, 일이 잘 풀리며 하나님을 잊어버리고 교만해져서 어려운 일을 당한 적이 있다면 함께 나누어 봅시다.

기도

1. 우리 앞에 놓여 있는 영적인 장애물, 가나안 7족속들에 대해 승리하게 하옵소서.

2. 하나님 앞에서 늘 겸손하게 하여 주옵소서. 항상 하나님을 인정하며 살아가게 하옵소서.

3. **그룹을 위한 기도**
   여러 가지 어려움으로 인해 믿음이 약해진 교우를 위한 기도

4과

십계명 2 다시 받은 십계명(10-11장)

시작 찬송 - 32장

개요

4과에서는 모세가 금송아지를 섬기는 이스라엘 백성들을 향해 십계명 돌판을 던져 돌판이 부서진 후에 다시 십계명을 받는 이야기가 나옵니다. 그리고 그들이 들어갈 가나안 땅에 대한 이야기, 하나님의 말씀에 순종할 것 등을 말씀하고 있습니다.

주제성구

"이스라엘아 네 하나님 여호와께서 네게 요구하시는 것이 무엇이냐 곧 네 하나님 여호와를 경외하여 그의 모든 도를 행하고 그를 사랑하며 마음을 다하고 뜻을 다하여 네 하나님 여호와를 섬기고 내가 오늘 네 행복을 위하여 네게 명하는 여호와의 명령과 규례를 지킬 것이 아니냐"(10:12-13).

본문 관찰 질문

1. 다시 받은 십계명 돌판(10:1-11)

첫 번째 십계명 돌판은 이스라엘 백성들이 금송아지를 만들어 섬기는 바람에 부서지고 말았습니다. 모세는 다시 시내산에 올라 두 번째 돌판을 받았습니다(출 34장). 모세는 하나님께 다시 받은 돌판을 어디에 넣어 보관했나요? (5절)

2. 하나님이 요구하시는 것(10:12-22)

하나님께서 이스라엘 백성들에게 요구하시는 것을 본문에서 세 가지 정도로 요약할 수 있습니다. 괄호를 채워보세요.

① 하나님 사랑(12절): "이스라엘아 네 하나님 여호와께서 네게 요구하시는 것이 무엇이냐 곧 네 하나님 여호와를 (　　　　　) 그의 모든 도를 행하고 그를 (　　　　　) 마음을 다하고 뜻을 다하여 네 하나님 여호와를 (　　　　　)."

② 말씀 순종(13절) : "내가 오늘 네 행복을 위하여 네게 명하는 여호와의 (　　　　)과 (　　　　)를 지킬 것이 아니냐."

③ 이웃 사랑(18-19절) : "(　　　　)와 (　　　　)를 위하여 정의를 행하시며 (　　　　)를 사랑하여 그에게 떡과 옷을 주시나니 너희는 나그네를 (　　　　) 전에 너희도 애굽 땅에서 나그네 되었음이니라."

3. 하나님께서 행하신 크신 일들을 기억하라(11:1-7)

모세는 이스라엘 백성들이 기억해야 할 세 가지를 언급하고 있습니다. 아래 본문에서 이 세 가지를 찾아 적어보세요.

① 2~4절

② 5절

③ 6절

4. 이스라엘 백성들이 들어갈 가나안 땅(11:8-17)

이스라엘 백성들이 들어갈 가나안 땅의 특징을 찾아 적고, 결국

이 땅은 누구의 도움으로 농사가 가능한지를 적어보세요.

① 특징(11절)

② 도움(17절)

이른 비와 늦은 비

이른 비는 가을에 처음 내리는 비입니다. 건기인 여름 동안 비가 내리지 않아, 메마른 땅에 이른 비가 내리면 땅이 부드러워져 파종할 수 있게 됩니다. 늦은 비는 추수기인 봄에 내리는 비인데, 늦은 비가 적당히 내려줘야 곡식이 충분히 익어 추수할 수 있습니다.

5. 하나님의 명령을 지켜 행하라(11:18-25)

신명기의 특징은 앞에 언급한 것처럼 비슷한 내용을 반복적으로 되풀이하는 것입니다. 학습에 있어서 반복효과가 중요하기 때문입니다. 아래에 나오는 구절도 자녀들에게 최선을 다해 말씀을 가르치라는 내용인데, 앞의 "쉐마, 이스라엘" 때에 이미 하셨던 말씀입니다. 괄호를 채워보세요.

"이러므로 너희는 나의 이 말을 너희의 마음과 뜻에 두고 또 그것을 너희의 (　　　　　　)에 매어 기호를 삼고 너희

(　　　　　　)에 붙여 표를 삼으며"(18절).

실제로 유대인들은 성경의 명령대로 오늘날에도 말씀을 손목과 이마에 맵니다. 이스라엘에 가면 이런 모습을 볼 수 있습니다.

---

6. 복과 저주(11:26-32)

가. 신명기에는 비슷한 내용이 반복되는데, 가장 많이 반복되는 내용이 '복과 저주'의 말씀입니다. 이미 2과에서 언급했는데, '하나님의 말씀을 순종하면 복을 받고, 불순종하면 저주를 받는다'는 말씀입니다. 이것이 신명기의 핵심 내용인데, 여기서도 또 되풀이됩니다. 괄호를 채워보세요.

"내가 오늘 (　　)과 (　　　)를 너희 앞에 두나니 너희가 만일 내가 오늘 너희에게 명하는 너희의 하나님 여호와의 (　　　)을 (　　　　) 복이 될 것이요 너희가 만일 내가 오늘 너희에게 명령하는 도에서 돌이켜 떠나 너희의 하나님 여호와의 (　　　　)을 (　　　　　　) 본래 알지 못하던 다른 신들을 따르면 저주를 받으리라"(26-28절).

나. 하나님은 이스라엘 백성들이 가나안 땅에 들어간 후 축복의 말씀과 저주의 말씀을 두 산에서 선포하라고 하십니다. 축복과 저주를 선포할 세겜에 있는 이 두 산의 이름은 각각 무엇입니까? (29절)

① 축복 선포

② 저주 선포

심화 및 적용 질문(나눔)

1. 하나님의 말씀에 순종해서 복을 받은 경우와 불순종해서 어려움을 당한 경우가 있다면 적어봅시다.

2. 내가 순종하기 어려운 하나님의 명령은 무엇입니까? 그 명령에 순종하기 위한 방법은 어떤 것이 있을까요?

기도

1. 우리의 욕심을 버리고 늘 하나님의 말씀에 순종하게 하옵소서.
2. **자녀를 위한 기도**
   반복교육의 중요성을 인식하고, 자녀들에 대해서 지치지 않고, 지혜롭게 반복적으로 신앙을 가르치며 교육하게 하옵소서.
3. **그룹을 위한 기도**
   경제적인 어려움을 당한 교우들을 위한 기도

5과

종교의식 관련 규정(12:1-16:17)

시작 찬송 - 28장

개요

십계명을 비롯한 율법의 서론적인 면이 끝나고, 12장부터 26장까지에는 '신명기 법전'이라고 불리는 본격적인 율법 규정이 선포되고 있습니다. 이 부분은 여러 가지 종류의 율법이 한데 모아져 있는 신명기의 본론이라고 할 수 있습니다. 이 부분은 크게 세 부분, 종교의식 관련 규정, 공직 관련 규정, 사회생활 관련 규정으로 나눌 수 있습니다.

5과에서는 종교의식 관련 규정(12:1-16:17)에 대해서 살펴보겠습니다. 종교의식 관련 규정은 신명기에서 처음 언급된 '택하신 예배처소 규정'(12장)과 시내산 율법의 재강조(13:1-16:17)로 구성되어 있습니다.

주제성구

"너희 중에 분깃이나 기업이 없는 레위인과 네 성중에 거류하는 객과 및 고아와 과부들이 와서 먹고 배부르게 하라 그리하면 네 하나님 여호와께서 네 손으로 하는 범사에 네게 복을 주시리라"(14:29).

본문 관찰 질문

1. 택하신 예배처소(12장) – 괄호를 채워보세요.

"오직 너희의 하나님 여호와께서 자기의 이름을 두시려고 너희 모든 지파 중에서 (   )인 그 (   )으로 찾아 나아가서 너희의 번제와 너희의 제물과 너희의 십일조와 너희 손의 거제와 너희의 서원제와 낙헌 예물과 너희 소와 양의 처음 난 것들을 너희는 그리로 가져다가 드리고"(5-6절).

중앙 성소 규정

중앙 성소에서만 제사를 드릴 것을 명령하는 것은 신명기 이전에는 언급되지 않은 명령이었습니다. 이스라엘 백성들이 가나안 땅에 들어간 후 예배 장소는 실로, 기브온 등을 거친 후 예루살렘 성전이 됩니다. 이스라엘 백성들은 아브라함이 이삭을 바쳤던 모리아산에 성전을 세우고 그곳에서 제사를 드리게 됩니다. 그러나 북왕국이 분열되면서 북왕국은 벧엘과 단에 제단을 세워 제사를 드렸고, 남왕국 유다에서도 곳곳에 산당을 세워 우상에게 제사를 드리게 되면서 참된 예배의 모습이 점점 무너지게 됩니다.

2. 시내산 율법의 재강조(13:1-16:17)

가. 우상숭배 금지(13장)

13장은 우상숭배를 부추기는 선지자나 꿈꾸는 자, 혹은 가족이나 친구, 성읍에 대해서 말씀하고 있습니다. 이들에 대한 징벌을 말씀에서 찾아 적어보세요.

① 선지자나 꿈꾸는 자(5절)

② 가족이나 친구(9절)

③ 성읍(15-16절)

우상숭배 금지

신명기에서 지속적으로 강조하는 것은 하나님의 명령에 순종하는 것과 우상숭배를 하지 않는 것입니다. 우상숭배 금지는 십계명의 1, 2계명을 모두 포함하는 것입니다(하나님 외에 다른 신을 섬기지 말 것, 우상을 만들지 말 것). 즉 신명기에서는 하나님만이 이스라엘 백성들을 애굽에서 나오게 하신 참 신이시며, 그 하나님만 따르고 섬길 것을 강조하고 있습니다. 그러므로 하나님의 명령에 순종하며 하나님만 따르는 것과 우상숭배 금지는 서로 분리할 수 없을 만큼 깊이 연관된 것입니다.

나. 음식 정결법(14:3–21)

신명기의 음식 정결법은 레위기의 음식 정결법(레 11장)과 내용이 대동소이합니다. 본문에서 육지 짐승 중에, 정한 짐승 다섯 가지와 부정한 짐승 네 가지를 찾아 적어보세요.

① 정한 짐승(4–6절)

② 부정한 짐승(7–8절)

음식정결법의 의미

음식정결법의 의미에 대해서 정확히 논하기는 쉽지 않습니다. 단지 여러 가지를 유추해 볼 때 큰 그림 안에서, 우리는 하나님께서 우리에게 구별을 원하신다는 것을 생각해 볼 수 있습니다. 하나님의 백성은 '모든 것이 가하나, 모든 것을 다 취하지 않는 법'입니다. 즉 우리는 세상을 살아갈 때 거룩한 것과 속된 것을 구별할 줄 알아야 합니다. 하나님의 거룩함이나 우리 신앙생활의 거룩함을 방해하는 것과는 과감한 단절이 필요합니다.

다. 십일조 규례(14:22–29)

십일조는 원래 그 땅의 소산물의 1/10을 하나님께 바치는 것이었습니다. 십일조를 드리러 갈 때 성전이 너무 먼 경우, 소산을 가지고 성전에 가기 힘든 경우는 어떻게 하면 되었습니까? (24–26절)

라. 안식년(면제년, 15:1–18)

신명기와 레위기의 안식년은 7년에 한 번 돌아온다는 시기적인 면에서는 같습니다. 그러나 신명기의 안식년은 빚을 면제하는 것과 히브리 종을 해방시키는 것에, 레위기의 안식년(레 25:1–7)은 밭을 쉬게 하여 그 소출을 사회적 약자들과 나누는 것에 초점을 맞추고 있습니다. 괄호를 채워보세요.

"매 (   ) 끝에는 면제하라. 면제의 규례는 이러하니라 그의 이웃에게 꾸어준 모든 채주는 그것을 (   )하고 그의 이웃에게나 그 형제에게 독촉하지 말지니 이는 여호와를 위하여 면제를 선포하였음이라"(1–2절).

마. 3대 절기(16:1–17) – 레 23장 참조

여호와께서 택하신 곳(예루살렘)에 와서 지켜야 했던 유대인의 3대 절기는 무엇입니까? (1, 10, 13절)

유대인의 3대 절기

유대인의 3대 절기: 유월절, 칠칠절, 초막절, 세 절기는 예루살렘에 와서 지켜야 했습니다.

이스라엘 7대 절기

이스라엘 7대 절기: 이스라엘 7대 절기는 순서대로 유월절, 무교절, 초실절, 칠칠절(오순절), 나팔절, 속죄일, 초막절(장막절, 수장절)이 있습니다.

심화 및 적용 질문(나눔)

1. 신명기에 반복적으로 나오는 명령이 우상숭배 금지입니다. 하나님보다 더 귀하게 생각하는 것이 우상입니다. 나에게 하나님보다 더 귀하게 여기는 것이 있다면 어떤 것이 있을까요?

2. 율법을 형식적이고 딱딱한 것으로 생각하기 쉬운데, 사실 율법은 사랑입니다. 안식년 규례(15:1-18)만 봐도 이는 빚진 자의 빚을 탕감해 주고, 같은 히브리 노예를 해방해 주는 이웃에 대한 따뜻한 사랑이 녹아 있는 실천적인 것이었습니다. 나에게 부족한 이웃 사랑의 실천이 어떤 것이 있는지 생각해 보고, 올해 꼭 실천하기를 다짐하는 것을 한 가지 이상 적어봅시다.

기도

1. 하나님만 사랑하게 하옵소서. 하나님보다 더 사랑하는 우상들을 다 버리게 하옵소서.

2. 말로만, 생각으로만 하는 이웃 사랑이 아닌, 작은 것 한 가지라도 실천하게 하옵소서.

3. **가정을 위한 기도**
   우리의 가정이 작은 천국이 되게 하옵소서.

6과

공직 관련 규정(16:18-18:22)

시작 찬송 - 29장

개요

왕, 제사장, 레위인, 선지자라는 공직자에 대한 규정에서는, 공직자에 대해서 언급할 때 '형제'라는 말을 거듭 사용함으로써, 공직은 기능상의 직책일 뿐 공직 자체를 일반 백성과 구별하는 것이 아니라는 점을 강조하고 있습니다. 그리고 공직자, 사회의 지도자들은 자신의 뜻을 펼치는 것이 아니라 하나님의 말씀에 따라, 하나님의 뜻에 따라 직을 수행할 것을 명령하고 있습니다.

주제성구

"그가 왕위에 오르거든 이 율법서의 등사본을 레위 사람 제사장 앞에서 책에 기록하여 평생에 자기 옆에 두고 읽어 그의 하나님 여호와 경외하기를 배우며 이 율법의 모든 말과 이 규례를 지켜 행할 것이라"(17:18-19).

본문 관찰 질문

1. 공정한 재판 규정(16:18-17:13)

가. 재판의 가장 기본이 되는 것으로 하나님께서 재판장들에게 원하셨던 것은 무엇인가요? (16:18)

재판의 가장 기본은 공의로 재판하는 것입니다. 예나 지금이나 재판의 문제는 공의, 공정성입니다. 누구에게는 이런 잣대가 적용되고, 누구에게는 저런 잣대가 적용된다면 그 사회에 심각한 문제가 발생할 것입니다. 그리고 재판장들은 뇌물에 대해서 주의해야 할 것을 경고하고 있는데(16:19), 뇌물이 공정한 재판의 최대의 적이기 때문입니다.

나. 우상숭배자들에 대한 판결은 사형이었습니다. 그런데 이런 사형을 집행하기 위해서는 증인이 필요했는데 증인은 최소한 몇 명 이상 필요했나요? (17:2-7)

2. 왕(17:14-20)

가. 이스라엘의 왕이 되기 위한 조건 두 가지를 본문에서 찾아 적어보세요. (15절)

①

②

나. 왕이 피해야 할 것 세 가지를 본문에서 찾아 적어보세요. (16-17절)

①

②

③

다. 왕이 늘 옆에 두어 자기 수양과 통치의 기본서로 삼아야 할 책은? (18-19절)

구약시대의 정치

구약시대의 이스라엘은 정치와 종교는 분리되어 있었습니다. 정치의 최정점에는 왕이 있었고, 종교의 최정점에는 대제사장이 있었습니다. 왕이 제사장이 주관하는 제사를 주관할 수는 없었지만, 오늘 본문처럼 왕도 기본적으로 율법에 능통해야 했으며, 하나님의 말씀에 따라 정치를 하는 것이 하나님의 뜻이었습니다.

3. 제사장과 레위인(18:1-8)

가. 이스라엘 12지파 중 11지파는 가나안에 들어가서 일정한 지역의 땅(기업)을 분배받았습니다. 그러나 레위 지파만은 특정 지역을 받지 못하고, 각 지파의 땅에 흩어져 살았습니다. 성경은 누가 레위 지파의 기업이라고 말씀하고 있습니까? (2절)

나. 레위 지파 가운데 성전에서 봉사하는 제사장들이 선출이 되었습니다. 이 제사장들은 성전 봉사에 전념했는데, 이들의 수입원은 무엇이었나요? (3-4절)

레위인

가나안 땅에 이스라엘 백성들이 들어갔을 때 열한 지파에게는 모두 땅이 지역별로 배분되었습니다. 그러나 레위 지파만은 어떤 지역도 분배받지 못했습니다. 레위 지파는 각 지파의 땅에 흩어져서 총 48개의 성읍을 배분받았습니다(민 35:1-8). 그리고 대제사장을 비롯한 제사장들은 성전에서 봉사하면서 예루살렘에서 살았습니다. 레위 지파가 특별한 지역을 분배받지 못한 것은 이들의 기업이 하나님 자신이었고, 이들이 각 지파의 땅에 흩어져 살면서 백성들에게 율법을 가르치는 역할을 했기 때문입니다.

4. 선지자(18:9-22)

가. 점쟁이, 무당, 신접자, 박수, 초혼자 등에 대한 하나님이 원하시는 우리의 태도는 무엇인가요? (11절)

나. 참 선지자와 거짓 선지자의 구별법은 무엇인가요? (22절)

심화 및 적용 질문(나눔)

1. 하나님은 모든 재판에 공의를 원하셨습니다. 좌우로 치우치지 않고, 사람을 보지 않고, 공정하게 처리해야 했습니다. 오늘날 우리 한국사회는 어떻습니까? 우리 자신은 어떻습니까? 우리 가운데 회복해야 할 공의는 어떤 것이 있는지 적어봅시다.

2. 이스라엘 왕의 필독서는 율법책이었습니다. 늘 율법의 말씀을 읽고 실천하며 그 정신을 펼치는 것이 올바른 이스라엘의 정치였습니다. 오늘날 많은 정치인들이 기독교인입니다. 하나님과 사람 앞에서 올바른 정치를 펼치기 위해서 기독교 정치인들이 취해야 할 기본적인 자세들은 본문에 비추어 어떤 것이 있을까요?

3. 최근 점치는 문화가 급속하게 퍼지고 있습니다. 타로점, 전생체험 등…. 그러나 이런 것들은 성경적이지 않습니다. 점에 대해 우리가 취해야 할 태도에 대해 적어보세요.

기도

1. 하나님, 저의 삶에 하나님의 공의와 정의가 있게 하옵소서.

2. **정치인들을 위한 기도**
   기독교 정치인들이 공의롭게 정치를 할 수 있도록.

3. 우리 가운데 있는 모든 비성경적인 것들, 미신적인 것들을 다 물리칠 수 있도록.

7과

사회생활 관련 규정 1(19:1-23:14)

시작 찬송 - 27장

개요

사회생활 관련 규정이 19장부터 25장까지 이어지고 있습니다. 사회적 약자들(종, 객, 고아, 과부, 레위인, 전쟁포로 여인, 부정하다고 누명 쓴 여인, 자식 없는 미망인 등)을 잘 보살피라는 내용이 주를 이루고 있습니다. 그 외에도 경제 정의, 사법 정의에 관한 규정도 있습니다. 7과에서는 도피성을 비롯한 각종 사회법과 순결법 등에 대해서 살펴보겠습니다.

주제성구

"네 형제의 소나 양이 길 잃은 것을 보거든 못 본 체하지 말고 너는 반드시 그것들을 끌어다가 네 형제에게 돌릴 것이요"(22:1)

본문 관찰 질문

1. 여러 가지 사회법(19:1-22:8)

이스라엘의 사회법을 보면 하나님께서 약자를 보호하시면서 사회의 공의와 정의를 세우려고 하신 것을 볼 수 있습니다. 우리는 흔히 율법을 딱딱한 것, 경직된 것으로 보지만, 사실 사회법을 보면 하나님의 사랑의 정신이 잘 나타나 있습니다.

가. 도피성에 관한 이야기는 민수기(35:9-28)에서 언급이 되었고, 신명기 4장에서도 이미 언급을 하였습니다. 그리고 가나안 땅에 들어가서 여섯 개의 도피성이 세워지게 됩니다(수 20장). 도피성은 살인자가 들어가서 안전하게 숨어 있을 수 있는 성이었는데, 그 성에 들어갈 수 있는 자격은 어떤 것이었습니까? (19:4-5)

나. 각 지파마다, 가족마다 자신의 땅을 표시하는 표가 있었습니다. 부당하게 그 이웃의 땅을 빼앗아 '이것'을 옮기지 말 것을 명령하셨습니다. 각자의 땅을 구분하는 '이것'은 무엇이었을까요? (19:14)

다. 재판할 때 위증을 하게 되면, 그 위증한 사람에게 가해지는 벌은 어떤 것이었습니까? (19:18-21)

라. 20장은 전쟁에 관한 규정입니다. 신명기 외에 다른 책에서는 언급되지 않은 내용인데, 전쟁에 참여하지 않아도 되는 경우가 네 가지가 있습니다. 그 네 가지를 찾아서 적어보세요. (5-8절)

① 5절 -
② 6절 -
③ 7절 -
④ 8절 -

마. 살인자를 알지 못하는 시체가 발견되면, 발견된 곳에서 가장 가까운 성읍의 장로들이 그 성읍에서 어떤 짐승을 잡아 성읍 사람들을 위해서 속죄의식을 해야 했나요? (21:3)

바. 21장 10절부터 21절까지는 가정법(포로 아내, 장자권, 패역한 아들)에 관한 내용입니다. 부모의 말을 듣지 않고 불순종하는 아들에 대한 처벌은 어떤 것이었나요? (18-21절)

사. 처형되어 나무에 달린 시체는 언제까지 장사를 지내야 했습니까? (21:23)

아. 하나님의 이웃에 대한 배려와 사랑의 정신이 잘 나타난 것이 긍휼법(22:1-8)입니다. 괄호를 채워보세요.

"네가 새 집을 지을 때에 지붕에 (   )을 만들어 (   )이 떨어지지 않게 하라 그 피가 네 집에 돌아갈까 하노라"(8절).

2. 순결법(22:9-23:14)

일상에서의 순결, 결혼에 있어서의 순결, 공동체의 순결 등을 모아서 순결법이라는 제목을 붙여 보았습니다. 하나님은 거룩하고 순결하신 분이십니다. 그러므로 하나님은 우리 개인과 가정, 공동체가 거룩하고 정결하기를 원하십니다.

가. 신약성경의 '믿지 않는 자와 멍에를 함께 메지 말라'(고후 6:14)는 말씀을 떠올리게 하는 내용인데요, 하나님은 어떤 두 짐승을 함께 겨리(두 마리의 소가 끄는 쟁기)하여 밭을 갈지 말라고 하십니까? (22:10)

나. 성경은 성범죄에 대해서 중하게 다룹니다. 유부녀와 동침한 남녀에 대한 처벌은 어떤 것이었습니까? (22:22)

다. 이스라엘의 공동체의 순결도 중요했습니다. 이방인들이 들어와서 우상숭배의 위험에 빠지는 것을 막기 위하여 하나님께서 영원히 이스라엘의 총회에 들어오지 못하게 하신 두 민족이 있습니다. 이 두 민족을 찾아 쓰세요. (23:3)

라. 공동체의 영적인 순결뿐만 아니라 위생적인 청결도 중요했습니다. 많은 사람들이 모여 살았기에 위생관리도 중요했습니다. 공동체의 청결을 위해서 화장실은 어디에 두었나요? (23:12)

심화 및 적용 질문(나눔)

1. 구약의 사회생활 관련 율법을 보면 수긍이 되며 동의가 되는 부분들이 많습니다. 오늘 살펴본 본문 중에 어떤 것이 특별히 가슴에 와닿았는지, 그리고 그 이유를 적어보세요.

2. 교회 공동체의 순결함을 지키기 위해서 오늘날 우리가 주의해야 할 것, 교회에 들어오지 못하게 막아야 할 것은 어떤 것이 있을까요?

기도

1. 하나님, 우리의 일상 가운데 이웃을 생각하며 살아가게 하옵소서.

2. **가정을 위한 기도**

   서로 사랑하는 아름다운 부부의 관계가 되게 하옵소서.

3. **공동체를 위한 기도**

   우리나라가 하나님 아닌 다른 것들을 섬기는 것에서부터 벗어나게 하시고, 오직 하나님만 섬기는 순결한 하나님의 나라가 되게 하옵소서.

8과

사회생활 관련 규정 2

첫 열매와 셋째 해 십일조 규정·결론적 권고

(23:15-26:19)

시작 찬송 - 26장

개요

25장까지 사회생활 관련 규정이 이어지고 있습니다. 사회생활을 하면서 일어날 수 있는 다양한 경우를 규정하는 율법을 말씀하고 있는데, 특히 이 율법은 주로 당시의 사회적 약자들을 보호하기 위한 것이었습니다.

26장 1-15절에서는 첫 열매와 셋째 해 십일조 바치는 규정에 대해서 말씀하고 있고, 26장 후반부는 '율법에 순종하라'는 결론적 권고로 신명기 법전을 마무리하고 있습니다.

주제성구

"네가 밭에서 곡식을 벨 때에 그 한 뭇을 밭에 잊어버렸거든 다시 가서 가져오지 말고 나그네와 고아와 과부를 위하여 남겨두라 그리하면 네 하나님 여호와께서 네 손으로 하는 모든 일에 복을 내리시리라"(24:19).

본문 관찰 질문

1. 타인과의 관계에 관한 규례(23:15-25:19)

가. 약자에 관한 규례 1(23:15-25)

여기에서는 다양한 규례들이 언급되고 있는데, 특별히 사회적 약자를 고려하는 규정들이 많습니다. 이자에 대해서는 형제(자국인)와 타국인에 대한 규정이 다른데, 그 차이점을 적어보세요. (20절)

나. 이혼에 관한 규례가 24장 1절에서 4절까지 언급되고 있는데, 새로 맞이한 아내에게 '수치 되는 일'이 발견되면 무엇을 써주고 그 아내를 집으로 돌려보낼 수 있었나요? (1절)

수치 되는 일

이 말이 정확히 무엇을 가리키는지는 분명하지 않습니다. 예수님 당시 중요한 유대 랍비 학파 중 하나였던 샴마이 학파는 이것을 여자의 음탕함, 즉 '간음'으로 이해하였습니다. 하지만 유부녀의 간음은 이혼 사유가 아니라 곧바로 사형에 처해지는 일이었으므로(신 22:21) 이는 타당치 못한 해석입니다. 여기서 '수치 되는 일'이란 남편이 아내에게 떳떳하게 이혼 증서를 써주고 이혼을 요구할 만한 '객관적이고도 충분한 사유'를 가리키는 말일 것입니다.

다. 약자에 관한 규례 2(24:5–22)

사회생활 관련 율법들은 인간적인 조항들이 많습니다. 기본적으로 약자에 대한 보호와 이웃 사랑의 정신이 깔려 있습니다. 사람에 대한 하나님의 사랑과 배려의 마음을 볼 수 있는 부분입니다.

어쩔 수 없이 전당물을 잡을 때도 그것이 겉옷이라면 언제까지 돌려줘야 했습니까? (12–13절)

라. 성경은 죄수의 인권에 대해서도 말씀하고 있습니다. 재판 규례(25:1–4)를 보면 죄인에게 태형을 선고하고 때리더라도 죄인을 보호하기 위해서 몇 대까지 때릴 수 있었습니까? (2–3절)

마. 25장에는 계대 결혼법(5–10절)이 언급되고 있습니다. 이는 만일 어떤 여인의 남편이 죽으면 그 죽은 남편의 형제가 결혼해서 그 죽은

형제의 대를 잇는 것입니다. 만일 남편의 형제가 죽은 형제의 아내와 결혼하기를 거부하면 어디에서, 누구 앞에서 확인을 받아야 했나요? (7절)

① 장소 –
② 사람 –

바. 하나님은 상거래에 있어서도 공정을 원하고 계십니다. 괄호를 채워 보세요.

"오직 온전하고 공정한 (　　　　)를 두며 온전하고 공정한 (　　　　)를 둘 것이라 그리하면 네 하나님 여호와께서 네게 주시는 땅에서 네 날이 길리라"(25:15).

사. 하나님께서는 아말렉을 도말할 것을 명령하고 계십니다(25:17–19). 그 이유는 무엇입니까? (17–18절, 출 17:8–16 참조)

2. 맏물과 셋째 해 십일조(26:1–15)

가. 가나안 땅에 들어가서 얻은 맏물을 하나님께 드릴 때 제사를 드리는 사람은 누구 앞에 나아가 자신의 신앙을 고백하고 감사를 드렸습니까? (3절)

맏물(26:2)

본문에서 '맏물'이라는 것은 가나안 땅에 들어가서 수확한 첫 소산물의 맏물을 의미합니다. 특별히 맏물의 히브리어 '프리'(열매)는 과수작물의 첫 소산(포도, 무화과, 올리브, 대추야자 등)을 의미합니다. 그래서 신명기 본문의 '맏물' 제사와 레위기 23장 10절에 나오는 보리 첫 이삭을 드리는 '초실절'은 다르다고 하겠습니다. 본문의 맏물 제사는 지금까지 가나안 땅으로 인도하신 하나님께 감사의 마음을 갖추어 드리는 제사였습니다.

나. 보통 십일조는 기업이 없었던 레위인과 제사장들에게 주어졌습니다. 그런데 (안식년을 기준으로) 셋째 해 십일조는 레위인뿐만 아니라 누구에게까지 전달이 되었나요? (12절)

3. 결론적 권고 - '율법에 순종하라'(26:16-19)

모세는 신명기 율법을 선포하고, 이제 이 부분의 결론이자 신명기 전체의 주제이기도 한 '하나님의 말씀에 순종하라'는 명령으로 끝을 맺고 있습니다. 괄호를 채워보세요.

> "오늘 네 하나님 여호와께서 이 (　　　　)와 (　　　　)를 행하라고 네게 명령하시나니 그런즉 너는 마음을 다하고 뜻을 다하여 지켜 (　　　　)"(16절).

심화 및 적용 질문(나눔)

1. 사회적 약자에 대한 규례(23:15-25, 24:5-22) 가운데 공감되는 것 하나를 적어봅시다. 그리고 그것을 오늘날 나에게 어떻게 적용할 수 있는지도 적어보세요.

2. 하나님은 상거래에 있어서도 공정과 정직을 원하십니다. 오늘날 직장생활이나 사회생활, 교회생활에서 내게 필요한 공정함을 찾아 적어보세요.

기도

1. 사람을 사랑하셨던 하나님의 마음을 가지고, 우리의 이웃을 사랑하게 하옵소서.

2. **사회를 위한 기도**
   우리 가운데 공정함과 정직함이 회복되어 정직한 사회, 행복한 사회가 되게 하옵소서.

3. **그룹을 위한 기도**
   성경공부가 머리에서 그치지 않고, 우리의 삶 가운데 실천으로 이어지게 하옵소서.

9과

신명기의 마무리

(27-30장)

시작 찬송 - 35장

개요

이 부분은 신명기의 마무리 부분이라고 할 수 있습니다. 27장에서는 에발산과 그리심산에서 저주와 축복의 말씀을 선포할 것을 명령하고 있습니다. 28장에서는 순종으로 인한 축복과 불순종으로 인한 저주에 대해서 말씀하고 있습니다. 29장에는 모압 언약에 대한 말씀이 나옵니다. 30장에서는 불순종으로 인해 저주가 임하더라도 회개하고 돌이킨다면 하나님이 회복의 은혜를 주실 것을 말씀하고 있습니다.

주제성구

"호렙에서 이스라엘 자손과 세우신 언약 외에 여호와께서 모세에게 명령하여 모압 땅에서 그들과 세우신 언약의 말씀은 이러하니라"(29:1).

본문 관찰 질문

1. 에발산의 율법 기념비 - 저주 선포 예식(27장)

하나님은 이스라엘 백성들이 가나안 땅에 들어가면 세겜에 있는 에발산과 그리심산에 가서 각각 저주와 축복을 선포할 것을 명하십니다. 27장에 그 명령과 저주 선포의 내용이 있습니다.

가. 하나님은 가나안 땅에 들어가면 큰 돌을 세우고 석회를 발라 그 위에 율법의 말씀을 기록할 것을 명령하셨습니다. 이 돌들을 무슨 산에 세우라고 하셨나요? (4절)

나. 여섯 지파씩 나누어 그리심산에서는 축복을, 에발산에서는 저주를 선포하라고 말씀하셨습니다. 그리심산과 에발산에 각각 서야 하는 여섯 지파를 본문에서 찾아 적으세요. (12–13절)

① 그리심산 –

② 에발산 –

다. 레위 사람들이 큰 소리로 저주 율법을 선포하면 백성들은 아멘으로 화답했습니다. 27장의 저주 율법은 다양한 내용을 담고 있는데, 성범죄가 그중 다수를 차지하고 있습니다. 저주 율법 가운데 세 가지만 찾아서 적어보세요. (14–26절)

①

②

③

2. 축복과 저주(28장)

28장에서는 말씀에 순종함으로 받는 복과(1-14절) 말씀에 불순종함으로 받는 저주(15-68절)에 대해서 말씀하고 있습니다.

가. 말씀에 순종하면 받는 복을 세 가지만 본문에서 찾아 쓰세요. (1–14절)

①

②

③

나. 말씀에 불순종하면 받는 저주를 세 가지만 본문에서 찾아 쓰세요. (15–68절)

①

②

③

하나님과 율법

이스라엘은 하나님의 율법 위에 세워진 나라입니다. 이 율법은 원래는 백성들을 옥죄어 힘들게 하는 것이 아니었습니다. 하나님의 백성으로서 기준을 제시하며, 이 율법에 순종하여 하나님이 주시는 복을 받게 하려는 것이 원래 하나님의 목적이었습니다. 그러나 죄된 인간들은 그 율법의 요구를 이룰 수 없었던 것입니다. 그러므로 율법은 그 자체가 나쁜 것이 아닙니다. 우리가 그 율법의 요구를 이룰 수 없을 뿐이지, 율법은 원래는 선한 것입니다.

3. 모압 언약(29장)

시내산 언약은 하나님이 이스라엘 백성들과 시내산에서 맺으신 언약입니다(출애굽기). 십계명을 비롯한 율법을 주시면서, 하나님은 이스라엘 백성들을 하나님의 백성으로 삼으셨습니다(출 19:5-6). 모압 언약은 하나님께서 모압 평지에서 이스라엘 백성들과 시내산 언약을 갱신하는 형식입니다. 율법의 내용은 크게 변한 것이 없지만, 그 대상이 바뀌었습니다. 애굽에서 나온 출애굽의 부모세대는 다 죽고, 하나님은 광야에서 태어난 그들의 자녀세대와 언약을 새롭게 맺고 계십니다.

가. 모압 언약의 대상자는 남녀노소, 내국인과 외국인 할 것 없이 다양합니다. 본문에서 모압 언약의 대상자들을 다 찾아 적어보세요. (10–12절)

나. 언약의 말씀을 순종하지 않는 자들에게 내리시는 하나님의 벌은 어떤 것입니까? (21절)

4. 회복의 은혜와 신명기 결론(30장)

가. 언약에 불순종하면 결국 이스라엘 민족이 멸망당하여 포로로 끌려갈 것을 말씀하십니다(29:23). 그러나 이들이 이방 땅에 끌려가서, 거기에서 회개하면 다시 고향으로 돌아올 것을 말씀하십니다. 괄호를 채워보세요.

"너와 네 자손이 네 (   )께로 돌아와 내가 오늘 네게 명령한 것을 온전히 따라 마음을 다하고 뜻을 다하여 여호와의 말씀을 청종하면 네 하나님 여호와께서 마음을 돌이키시고, 너를 긍휼히 여기사 (   )에서 돌아오게 하시되 네 하나님 여호와께서 흩으신 그 모든 백성 중에서 너를 모으시리니"(2-3절).

나. 이제 하나님은 신명기의 주제이자 결론의 말씀을 하십니다. 이스라엘 백성들 앞에는 두 가지의 길이 놓여 있었습니다. 이 두 가지의 길이 무엇인지 쓰고, 복을 받는 길과 망하는 길을 각각 본문에서 찾아 적어보세요.

① 두 가지의 길(15절) -
② 복 받는 길(16절) -
③ 망하는 길(17-18절) -

심화 및 적용 질문(나눔)

1. 하나님은 이스라엘 백성들에게 하나님의 율법(말씀)을 최우선순위에 둘 것을 강조하셨습니다. 나의 삶 가운데 말씀(성경)이 차지하는 중요성은 어느 정도인가요? 또한 말씀을 더 잘 알기 위해 기울여야 할 노력에는 어떤 것이 있을까요?

2. 우리도 하나님의 말씀에 순종하려고 노력을 합니다. 그러나 뜻대로 되지 않을 때가 많습니다. 하나님의 말씀에 더 잘 순종하기 위해 어떻게 하면 될까요?

기도

1. 우리 삶의 최우선순위가 하나님의 말씀이 되게 하옵소서.

2. **나라를 위한 기도**
   통일이 되어 남북한이 하나 되어 하나님을 함께 섬기게 하옵소서.

3. **그룹을 위한 기도**
   신명기 성경공부를 통해서 각 사람의 신앙이 자라나게 하옵소서.

10과

오경의 마무리

(31-34장)

시작 찬송 - 31장

개요

이 부분에는 모세의 노래(32장), 모세의 축복(33장)이 나오며, 모세의 죽음으로 끝을 맺습니다. 모세의 죽음 이야기는 모세의 출생부터 시작하는 출애굽기 1장의 마무리로 볼 수 있습니다. 또 크게는 창세기부터 시작되는 모세오경 전체의 마무리로도 볼 수 있습니다.

주제성구

“이에 여호와의 종 모세가 여호와의 말씀대로 모압 땅에서 죽어"(34:5).

본문 관찰 질문

1. 마지막 당부와 율법책 안치(31장)

가. 모세는 백성들과 여호수아에게는 '강하고 담대하라'고 당부를 합니다(1–8절). 그리고 제사장들과 장로들에게는 이 율법을 주기적으로 낭독하여 백성들에게 들려줄 것을 명령하고 있습니다. 율법을 몇 년마다, 어느 절기에 읽을 것을 명령하고 있습니까? 그리고 읽는 장소와 대상은 누구입니까?

① 몇 년? 어떤 절기?(10절)

② 장소(11절)

③ 대상(12절)

이렇게 하나님께서는 하나님의 귀한 율법이 이스라엘 대대로 전승되기를 원하셨습니다. 최소한 7년에 한 번씩은 이 율법을 이방인들을 포함한 모든 백성들이 듣고 되새기기를 원하셨습니다. 그러나 이는 안타깝게도 지켜지지 못했습니다. 이후 요시야 왕의 개혁 때 율법책을 성전에서 발견하고 온 백성이 들었다는 것을(대하 34:14–33) 볼 때, 하나님의 말씀이 얼마나 소홀하게 취급되었는지를 알 수 있고, 그에 대한 비참한 결과를 성경을 통해서 알 수가 있습니다.

나. 하나님께서는 그토록 주의를 주셨지만, 이후 이스라엘 백성들은 가나안 땅에 들어간 뒤 불순종했고, 하나님은 이를 미리 다 아셨습니다. 괄호를 채워보세요.

> "또 여호와께서 모세에게 이르시되 너는 네 조상과 함께 누우려니와 이 백성은 그 땅으로 들어가 음란히 그 땅의 (　　　　)들을 따르며 일어날 것이요, 나를 (　　　　) 내가 그들과 맺은 언약을 (　　　　) 것이라"(16절).

다. 모세는 율법의 말씀을 기록한 뒤 어디에 두게 했습니까? (26절)

2. 모세의 노래(32장)

하나님은 이스라엘 백성들이 하나님의 명령을 잊어버리고 불순종하여 우상숭배의 길을 걸을 것을 아시고 모세에게 노래를 지어 백성들에게 가르치게 하셨습니다. 이 노래의 주 내용은 '하나님의 명령을 어길 때 주어지는 하나님의 징벌'에 관한 것입니다.

가. 이 노래에서 하나님은 이스라엘의 타락을 예언하시는데, 타락의 원인을 무엇이라고 말씀하고 계십니까? (15절)

나. 우리의 모든 것 되시는 하나님만 의지하며 바라볼 것을 노래에서 강조하고 있습니다. 괄호를 채워보세요.

"이제는 나 곧 내가 그인 줄 알라 나 외에는 신이 없도다 나는 (　　　　) 하며 (　　　　　　) 하며 (　　　　　) 하며 (　　　　　　) 하나니 내 손에서 능히 빼앗을 자가 없도다"(39절).

3. 모세의 축복(33장)

모세는 마지막으로 시므온을 제외한 이스라엘의 열한 지파를 축복합니다. 모세의 축복은 창세기 49장 야곱의 축복과 비교하면서 읽으면 도움이 됩니다. 야곱의 축복은 유다와 요셉 지파에게 축복이 집중되었다면 모세의 축복은 레위와 요셉 지파에게 축복이 집중되고 있습니다.

가. "주의 법도를 야곱에게, 주의 율법을 이스라엘에게 가르치며 주 앞에 분향하고 온전한 번제를 주의 제단 위에 드리리로다"(10절)라는 축복을 받은 지파는 무슨 지파일까요?

나. 모세는 마지막 절에서 이스라엘에 대한 다함이 없는 축복을 말합니다. 괄호를 채워보세요.

"(　　　　　　　)이여 너는 행복한 사람이로다. 여호와의 구원을 너같이 얻은 백성이 누구냐 그는 너를 돕는 (　　　　　)시요 네 영광의 칼이시로다 네 대적이 네게 복종하리니 네가 그들의 높은 곳을 밟으리로다"(29절).

4. 결론(34장)

가. 모세가 죽기 전에 마지막으로 올라가서 가나안 땅을 바라본 산은 무슨 산이었나요? (1절)

나. 모세는 이스라엘 역사상 가장 위대한 선지자였습니다. 모세가 시내산에서 율법을 받음으로 비로소 유대교가 시작되었다고 볼 수 있습니다. 이스라엘 민족은 아브라함부터 시작되었지만, 종교로서의 유대교는 모세 때부터 시작되었다고 할 수 있습니다. 괄호를 채워보세요.

"그 후에는 이스라엘에 (   )와 같은 선지자가 일어나지 못하였나니 모세는 여호와께서 (   )하여 아시던 자요"(10절).

심화 및 적용 질문(나눔)

1. 모세의 축복문처럼 우리가 우리 자녀들을 위한 축복을 한다면 어떤 축복을 할까요? 자녀의 이름을 넣어서 각자의 축복문을 적어보세요.

2. 신명기를 통해서 느낀 점, 배운 점들을 적어보고 함께 나누어 보세요.

기도

1. 우리는 교만하지 않고, 하나님의 말씀에 순종하여 하나님이 주시는 복을 받게 하옵소서.

2. 우리 세대뿐만 아니라 우리 자녀세대까지 신앙을 전달해 주는 우리가 되게 하옵소서.

3. 우리 교회 공동체 모두가 하나님의 말씀을 높이며, 그 말씀에 순종하게 하옵소서.

4. **감사기도**

   끝까지 신명기 성경공부를 할 수 있게 해주셔서 감사드립니다.

부록

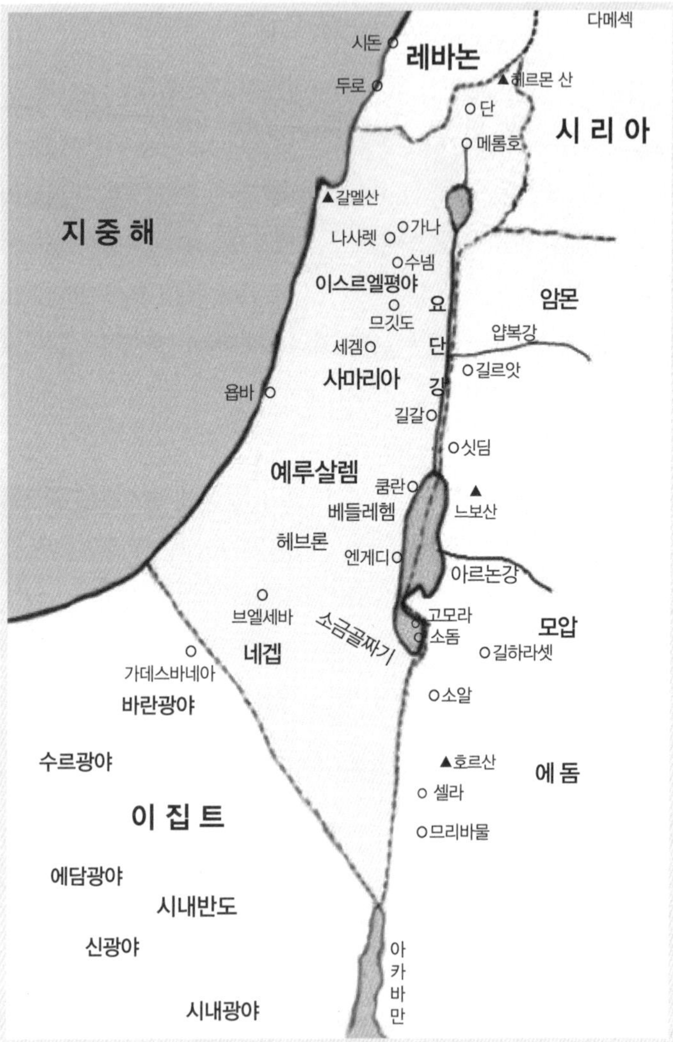

〈출애굽 당시의 가나안과 주변 지도〉

참고도서

강병도 편, 호크마 종합주석, V.5 신명기, 기독지혜사, 1989

박동현, 구약성경과 구약학, 장로회신학대학교출판부, 1999

이희성, 교회와 함께 읽는 신명기, 그리심, 2012

신명기

후대에 전하는 말

1판 1쇄 인쇄 _ 2021년 3월 12일
1판 1쇄 발행 _ 2021년 3월 20일

지은이 _ 평광교회 교구부
펴낸이 _ 이형규
펴낸곳 _ 쿰란출판사

주소 _ 서울특별시 종로구 이화장길 6
편집부 _ 745-1007, 745-1301~2, 747-1212, 743-1300
영업부 _ 747-1004, FAX 745-8490
본사평생전화번호 _ 0502-756-1004
홈페이지 _ http://www.qumran.co.kr
E-mail _ qrbooks@daum.net / qrbooks@gmail.com
한글인터넷주소 _ 쿰란, 쿰란출판사
페이스북 _ www.facebook.com/qumranpeople
인스타그램 _ www.instagram.com/qrbooks
등록 _ 제1-670호(1988.2.27)
책임교열 _ 박은아 · 김유미

 ISBN 979-11-6143-525-1 93230